Frei und selbstbestimmt im täglichen Leben

Übungen und Techniken, Tricks und Kniffe, Ratschläge

gesammelt und niedergeschrieben von

Barbara Borchert-Best

© 2011 Barbara Borchert-Best
Herstellung und Verlag:
Books on Demand GmbH, Norderstedt
ISBN 978-3-8423-5573-6

*Die Größe der Freiheit,
der wahren Freiheit, ihre Würde, ihre
Schönheit liegen in einem selber, wenn man
in vollkommener Ordnung lebt. Und diese
Ordnung entsteht nur dadurch,
daß wir uns selber Licht sind.*

Jiddu Krishnamurti
12.5.1895 - 17.2.1986

Inhalt

Vorwort

Die hier gesammelten kleinen Tricks, Kniffe, Techniken, Ratschläge helfen mir täglich mein Leben so zu gestalten, wie ich es will. Sie unterstützen mich dabei „in meiner Mitte" zu sein, sie geben mir Kraft, Energie und körperliches Wohlbefinden, halten negative Einflüsse fern, geben mir den Mut auch mal „nein" zu sagen und das zu tun, was für mich gut und richtig ist.

Ja, hieraus spricht ein gesunder Egoismus. Denn wenn es mir nicht gut geht, wie kann ich dann anderen helfen? Wenn ich mich nicht liebe, wie kann ich dann andere lieben oder erwarten, daß sie es tun?

Obwohl ich stets im Ganzheitlichen arbeite, habe ich mich entschlossen hier eine Aufteilung in Seele, Geist und Körper vorzunehmen, um eine gewisse Ordnung in das Ganze zu bringen. Aber das Eine ist vom Anderen nicht zu trennen, und so ist die Zuordnung manchmal nicht wirklich eindeutig und auch nicht zu streng zu sehen.

Es ist, wie gesagt, eine Sammlung von Übungen und Ratschlägen, die zugegeben nicht alle auf „meinem Mist" gewachsen sind. Daher auch die vielen Zitate, die deutlich machen sollen, daß das alles eigentlich nichts wirklich Neues ist, und schon seit Langem und Vielen bekannt.

Nun wünsche ich viel Freude beim Lesen,
den einen oder anderen „Aha-Effekt"
und natürlich viel Erfolg bei der Anwendung.

Eure
Barbara Borchert-Best

Die Seele

„Wenn Dir jemand erzählt, daß die Seele mit dem Körper zusammen vergeht und daß das, was einmal tot ist, niemals wiederkommt, so sage ihm: Die Blume geht zugrunde, aber der Samen bleibt zurück und liegt vor uns, geheimnisvoll, wie die Ewigkeit des Lebens."
(Khalil Gibran, Künstler, 06.01.1883 - 10.04.1931)

„Es ist unglaublich, wieviel Kraft die Seele dem Körper zu leihen vermag."
(Wilhelm von Humboldt, Staatsmann, 22.06.1767 - 08.04.1835)

„Wenn die Seele bereit ist, sind es die Dinge auch."
(William Shakespeare, Dramatiker, 23.03.1564 - 23.04.1616)

So ist die Seele das Unsterbliche in uns, das nie vergeht und wenn es dazu Lust hat, auch in einem neuen Körper wiederkehrt.

Sie ist das, was unseren Körper zum Leben erweckt und ihn am Leben hält.

Wie das Innen – so das Außen.

Beginnen wir also mit unserem Wesenskern.

Liebe

„Alter schützt vor Liebe nicht, aber Liebe vor dem Altern."
(Coco Chanel, Modeschöpferin, 19.08.1883 - 10.01.1971)

„Die Liebe trägt die Seele, wie die Füße den Leib tragen."
(Katharina von Siena, Heilige, 25.03.1347 - 29.04.1380)

Also – liebe Dich selbst.
Nur wenn Du dich selbst liebst, kannst Du auch andere lieben
und erwarten, geliebt zu werden.
Wenn Du dich schon nicht selbst liebst, wer soll es denn dann
tun?

**Schau in den Spiegel
Sieh Dir tief in die Augen
Sage: „Ich liebe Dich"**

Halte diese Übung für einige Minuten, blicke tief in Deine
Augen, Du wirst dabei in Deine Seele schauen und ihr die
Liebe schenken, die sie verdient hat und Du auch.

Eine schöne Art, jeden Tag zu beginnen und erst einmal sich
selbst zu sehen, bevor man nach Makeln im Gesicht schaut.
Und Du darfst auch gerne noch einen Kuß hinterher schicken.

Ich bin ich

Ist ein Ja zu Dir selbst.
Nimm Dich so an wie Du bist.
Du bist etwas Wunderbares und Einzigartiges.

**Sieh Dich gerade im Spiegel an
Sage oder denke:
„Ich bin ich.
Ich liebe mich."**

Was denken andere über mich? Was reden andere über
mich?

„Ich bin ich" hilft Dir dich selbst anzunehmen, so wie Du bist.
Und wenn das nicht so ist wie Du es gerne hättest, es ist an
Dir das zu ändern. Aber erst mußt Du erkennen, wer Du bist.

*„Wer vor den Spiegel tritt, um sich zu ändern, der hat sich
schon geändert."*
(Lucius Annaeus Seneca, Philosoph, ca. 4 v. Chr. - 65 n. Chr.)

Ängste

„Es gibt keine Grenzen. Weder für Gedanken, noch für Gefühle. Es ist die Angst, die immer Grenzen setzt."
(Ingmar Bergman, Regisseur, 14.07.1918 - 30.07.2007)

„Die Menschen stolpern nicht über Berge, sondern über Maulwurfshügel."
(Konfuzius, 551 v. Chr. - 479 v. Chr.)

Manche Urängste sind für uns überlebensnotwendig. Andere, anerzogene oder erworbene Ängste behindern uns in unserer Entwicklung. Extreme Angstzustände oder gar Phobien bedürfen natürlich einer weitergehenden Therapie, aber für die kleine Alltagsangst gilt:
Gefahr erkannt - Gefahr gebannt.

In der Regel kennen wir unsere Ängste und beschwören sie auch meist selbst herbei. Oder wir lassen zu, daß andere diese Ängste in uns schüren. Mit so freundlichen Worten wie: „Du weißt, wenn ...."

Wenn Ihr Eltern seid, bedenkt bitte immer, was Ihr mit solchen „Drohungen" in die Kinderseelen programmiert.

Das Schüren von Ängsten ist eines der probatesten Mittel zur Macht. Es funktioniert im Kleinen und Privaten ebenso wie im Großen und Öffentlichen. Politik, Finanzwirtschaft, Groß- und Pharmaindustrie wissen dies mit Unterstützung der Medien perfekt zu nutzen.

Es ist wichtig sich von seinen Ängsten zu befreien, sie lähmen nicht nur unseren Körper, sondern auch unseren Geist. Sie machen uns manipulierbar.

Stelle Dich deiner Angst.
Schau Dir die beängstigende Situation wie einen Kinofilm an.
Und nun ändere das Skript.
Mach aus dem Drama eine Komödie,
aus dem grausigen Schluß ein Happy End.

Ich weiß, diese Übung ist nicht einfach, aber wir kommen später noch zu Meditation und Visualisierung, zwei sehr effektiven Mitteln auch zur Unterstützung von solchen Aufgaben.

Wenn wir erstarrt wie die Maus vor der Katze sitzen bleiben, wird sie uns am Ende noch fressen.

Nur wenn wir uns aus dem Käfig der Ängste, auch der kleinen, befreien, kann sich unsere Seele entfalten. Die Angst bindet unsere Flügel fest.

Und was gibt es Schöneres, als wie ein Adler frei und stolz durch die Lüfte zu fliegen? Also:

Schließ die Augen
und fliege,
spüre den Wind unter Deinen Flügeln,
sieh die Landschaft unter Dir,
der Blick wird immer weiter,
der Himmel über Dir ist unendlich,
und Du kannst fliegen so weit Du willst.

Lachen

Lachen ist die beste Medizin – auch für die Seele.

Aber ehrlich muß es sein. Aus dem Inneren kommend.
Nicht oberflächlich über jeden dummen Witz, nicht
schadenfroh oder hämisch.

Und wenn es sonst keinen Anlaß gibt, über sich selbst kann
man immer lachen.

Natürlich ist es viel schöner, weil auch ansteckend, in
Gesellschaft.

Also – ganz einfach:

Lach mal wieder!

Und wenn's eine Nummer kleiner sein soll:

Lächeln

„Das Lächeln, das Du aussendest, kehrt zu Dir zurück."
Indisches Sprichwort

Dieses Sprichwort sagt ja schon alles.

Begegne den Menschen, die Du triffst mit einem Lächeln.
Versuch es in der U-Bahn, in der Schlange an der Kasse, im
Wartezimmer, wo auch immer.

Einem Lächeln kann kaum jemand widerstehen.

Aber sei vorsichtig, daß Du nicht unbeabsichtigt einen Flirt
herbeilächelst, wo Du das eigentlich nicht wolltest.

Hilft übrigens auch sehr gut bei „muffigem" Gegenüber.

Und wenn man sich einmal angewöhnt hat, stets freundlich zu
sein, können einen die „Muffler" auch nicht mehr so leicht
anstecken.

Mit dem Lächeln kann man ja auch schon morgens vor dem
Spiegel bei sich selbst anfangen. Dann hat man auch schon
das erste Lächeln des Tages zurückerhalten. So einfach ist
das.

Sei immer freundlich!

Der Spiegel

„Die Augen sind die Fenster der Seele."
(Hildegard von Bingen, 1098 – 1179)

Da waren wir schon einmal.
Aber der Spiegel ist nun mal ein wunderbares Hilfsmittel um uns selbst zu erkennen.

Der tiefe lange Blick in die eigenen Augen führt uns direkt in unser Innerstes. Dies erkennt man vielleicht nicht sofort beim ersten Mal. Aber je öfter und je länger man diese Übung macht, um so tiefer kann man schauen.

Es ist auch ein erster Einstieg in die Meditation, die ja ein nach innen gerichteter Blick ist.

Und nach einiger Zeit brauchst Du den Spiegel nicht mehr, um in Dich selbst einzutauchen.

"Ich schau Dir in die Augen, Kleines"

(Rick Blaine (Humphrey Bogart) in Casablanca)

Der Geist

„Sobald der Geist auf ein Ziel gerichtet ist, kommt ihm vieles entgegen."
(Johann Wolfgang von Goethe, Dichter, 28.08.1749 - 22.03.1832)

„Der Geist ist nicht wie ein Gefäß, das gefüllt werden soll, sondern wie Holz, das lediglich entzündet werden will."
(Plutarch, griechischer Philosoph, 45 - 125)

„Auf den Geist muß man schauen. Denn was nützt ein schöner Körper, wenn in ihm nicht eine schöne Seele wohnt."
(Euripides, griechischer Dichter, 480 v. Chr. - 406 v. Chr.)

Ja, auf den Geist muß man schauen ….

Der Geist, die Welt unserer Gedanken und auch der Gefühle.

Unsere Gedanken und Gefühle beeinflussen unseren Körper ebenso wie unsere Seele.

Negative Gedanken und Gefühle machen uns auf Dauer krank und lassen unsere Seele verkümmern.

Schlechte Nachrichten „schlagen uns auf den Magen", wir sind „vor Kummer ganz krank"….

Bringen wir also unseren Geist in Ordnung!

Sprache

„Im Anfang war das Wort"
(Johannesevangelium 1,1-2)

Die Sprache ist das mächtigste Instrument, das uns gegeben ist. Und wie unbedacht setzen wir sie ein.
Was gesagt ist, ist gesagt und kann nicht zurück genommen werden.
Worte können erschaffen und zerstören.
Sie können heilen, aber auch töten.

Daher ist unsere Wortwahl für uns selbst, aber auch für den Angesprochenen von entscheidender Bedeutung.

Schimpfworte, Vulgärsprache und Beleidigungen (selbst wenn sie spaßhaft gemeint sind) haben negative Wirkungen auf den Ansprechpartner ebenso wie auf den, der sie äußert.

Worte vermögen das Gesagte in der Realität zu manifestieren.
Die ständige Wiederholung von Negativaussagen wird das Gesagte real werden lassen:

„Ich werde wahnsinnig", „ich dreh gleich durch" führen unweigerlich zu einem entsprechenden Gemütszustand.
„Das geht mir auf die Eier", „das geht mir am Arsch vorbei" programmieren Probleme in den unteren Regionen vor. Usw., usw. ....

Das Einfügen von negativen Worten in eigentlich positive Aussagen zerstört deren positive Botschaft:
„das ist ja wahnsinnig interessant", „ich bin vor Lachen fast gestorben", „das war unheimlich komisch", ...

Es gibt Worte und Sätze, die wir unbesehen ständig nutzen obwohl sie eine starke negative Wirkung haben:
Ich kriege, anstelle von
ich bekomme.
Ich habe ein Attentat auf Dich vor, anstelle von
darf ich Dich um etwas bitten.
Den mach ich jetzt einen Kopf kürzer, anstelle von
ich werde ihn auf seinen Fehler aufmerksam machen.

Negativität und Aggressivität in der Sprache richten sich nicht nur gegen den anderen, sondern immer auch gegen uns selbst.

Ausschweifendes Geschwafel angehäuft mit sinnlosen Füllworten ist auch eine Art der Umweltverschmutzung, und geht auf Dauer nicht nur dem Zuhörer an die Nerven.

Früher, als es noch öffentliche Telefonhäuschen gab, fand man dort die Aufschrift: „Fasse Dich kurz!"

Eine Aufforderung, die wir in unserem Alltag viel mehr beherzigen sollten. Sie spart Atemluft, Zeit und Nerven.

Sprachhygiene – so wichtig wie Zähne putzen.

**Werde Dir deiner Sprache und deines Sprechens bewußt.
Höre hin, was Du da von Dir gibst
und versuche gezielt,
Schritt für Schritt,
die einzelnen Mängel zu beheben.**

Streit

„Du und Ich: wir sind eins, ich kann Dir nicht wehtun ohne mich zu verletzen"
(Mahatma Gandhi, Pazifist, 02.10.1869 - 30.01.1948)

Streiten ist ein kämpferisches Wort: Streitaxt, Streitwagen, Streitmacht. Es ist also nicht wirklich eine andere Form von diskutieren oder debattieren.

Streiten bedeutet, auf seinem Standpunkt beharren und diesen bis aufs Letzte zu verteidigen. Wo die Argumente ausgehen da beginnt der Streit. Zu Kompromissen oder gar einem wahren Konsens kommt es beim Streit eigentlich nie.

Im Streit sagen wir häufig Dinge die wir später bereuen und wünschten, sie nicht gesagt zu haben.

„Siege", die wir in einem Streit, einem Zank oder anderen Machtkämpfen erringen, haben stets einen schalen Beigeschmack. Im Krieg gibt es keinen Sieger, nur Verlierer.

Deshalb vermeide Streitereien, brich ein Gespräch, das droht, in diese Richtung auszuufern, ab. Überdenke Deine Argumente oder Deinen Standpunkt und nimm, wenn dann überhaupt noch nötig, ruhig und ohne Emotion das Thema noch mal auf.

Strittige Themen diskutiere ruhig und emotionslos mit stimmigen Argumenten und eindeutigem Standpunkt.

Gedanken

„Das Glück Deines Lebens hängt von der Beschaffenheit Deiner Gedanken ab."
(Marc Aurel, Römischer Kaiser, 26.04.121 - 17 03.180)

„Achte auf deine Gedanken, denn sie werden zu deinen Worten
Achte auf deine Worte, denn sie werden zu deinen Taten
Achte auf deine Handlungen, denn sie werden deine Gewohnheiten
Achte auf deine Gewohnheiten, denn sie prägen deinen Charakter
Achte auf deinen Charakter, denn er wird zu deinem Leben „
(Aus dem Talmud)

„Das Denken ist das Selbstgespräch der Seele."
(Plato, griechischer Philosoph, 427 v.Chr. - 347 v.Chr)

Was für die Sprache gilt, gilt ebenso, vielleicht noch in verstärktem Maße für die Gedanken. Manchmal ist das Wort schneller als der Gedanke und -ups- , da haben wir etwas gesagt, was wir so nicht meinten. Mit dem Üben des bewußten Sprechens lassen sich solche unfreiwilligen Aussagen aber vermeiden.

Wie wir unsere Sprache beobachten und kontrollieren sollten, so sollten wir das auch mit unseren Gedanken tun.

Wir denken pausenlos und oftmals merken wir es nicht einmal. Aber alles, was wir denken setzt sich irgendwo fest. Und da ist es schon wichtig darauf zu achten, was wir da so festschreiben und damit eventuell auch im Realen manifestieren.

Gedankenhygiene ist der Gesundheit mindestens ebenso zuträglich wie Körperhygiene.
So wie wir den Schmutz mit Wasser und Seife vom Körper waschen, können wir verschmutztes Gedankengut mit einer Dusche sauberer (positiver) Gedanken reinigen.

„Sich den Kopf über etwas zerbrechen" führt früher oder später zu Kopfschmerzen.
Mach Dir keine Gedanken, und vor allem keine sorgenvollen, über etwas in der fernen Zukunft. Male Dir nicht ständig alle (negativen) Möglichkeiten aus. Urteile nicht, bevor Du nicht die Fakten kennst, das dann nötige Umdenken ist schwerer als das Abwarten.

Zukunftspläne schmieden ist etwas anderes, darauf kommen wir noch beim Thema „Wünsche".

Befreie Dich vom Gedankenmüll, der Dich unnötig belastet, Dich nicht schlafen läßt, Dir Ängste und Sorgen bereitet, Dir Kopfschmerzen macht.

**Nimm Dir einmal am Tag 10 Minuten Zeit für Dich selbst.
Höre auf Deine Gedanken.
Frage Dich auch zwischendurch immer mal wieder:
„Was denke ich gerade?"**

Der Fokus

Where attention goes – energy flows!
(Wo Deine Aufmerksamkeit ist, dahin geht Deine Energie!)

„Die Aufmerksamkeit ist der Meißel des Gedächtnisses."
(François-Gaston duc de Lévis, Schriftsteller, 20.08.1719 - 20.10.1787)

Worauf wir unsere Aufmerksamkeit richten, dahin geben wir Energie.

Wenn wir stets denken und sagen, was wir nicht wollen, werden wir es unweigerlich auch bekommen. Unser Unterbewußtsein und das Universum interessiert unsere Verneinung nicht, entscheidend ist allein der Grad der Aufmerksamkeit. Somit geben wir Energie an das, was wir gerade nicht wollen und ziehen es um so stärker an.

Der Umkehrschluß ist ganz einfach. Was will ich?
Richte Deinen Fokus auf das, was Du willst.

Schenke Dingen oder Ereignissen, die Du nicht willst keine Beachtung. Halte Negatives nicht dadurch in Deinem Leben, indem Du ständig davon erzählst und daran denkst.

Wenn Du einem Gespräch mit negativem Inhalt nicht ausweichen kannst (z.B. jemand erzählt Dir von seiner Krankheit) schick nicht durch lange Diskussion noch mehr Energie in dieses Thema, sondern versuche, das Gespräch in eine andere, positive Richtung zu lenken.

Wenn Dir Schönes begegnet oder widerfährt, halte diese Gedanken fest. Präge Dir diese Momente ein, so kannst Du sie in schwierigen Situationen stets als Bild des Schönen wieder hervorholen.

Geh mit offenen Augen für das Schöne durch die Welt, sieh die Blüte am Zweig im Frühling, die Hummel in der Blume im Sommer, die Farben der Bäume im Herbst und die Eiskristalle am Fenster im Winter.

Hast Du einen Menschen in Deiner Nähe, an dem Dich etwas stört, wenn es geht, sag es ihm. Aber vor allem richte Deine Aufmerksamkeit auf die schönen und liebenswerten Eigenschaften dieser Person.

Also zum Beispiel:
Nicht: „Hoffentlich werde ich bloß nicht krank."
Sondern: „Ich bin gesund und ich bleibe gesund."
Nicht: „Ob er/sie mich wohl betrügt?"
Sondern: „Ich liebe ihn/sie und bin glücklich mit ihm/ihr."
Nicht: „Das kann ich doch gar nicht alles bezahlen."
Sondern: 1. Schau wo Du einsparen kannst
              2. Überlege wo Du Potenzial hast um die
                 Finanzlage aufzubessern
und   3. „Ich kann das zu bezahlen."

Richte Deine Aufmerksamkeit auf das, was Du willst mit Gedanken, Worten und Taten.

Medien

„Die Leute sind gar nicht so dumm, wie wir sie durchs Fernsehen noch machen werden."
(Hans Joachim Kulenkampff, Quizmaster, 27.04.1921-14. 08.1998)

Zum Thema Gedankenhygiene und Fokus gehören heutzutage unausweichlich die Medien und unser Umgang damit.

Was wird uns da pausenlos auf allen Kanälen und in allen Blättern präsentiert? Mord und Totschlag, Kriege, Katastrophen, Menschen in Not und Angst, Menschen die sich in aller Öffentlichkeit der Lächerlichkeit preisgeben, Sex und Pornographie, Tierquälerei und anderer Müll. Die Werbung suggeriert uns Bedürfnisse, die wir gar nicht haben und verkauft uns Dinge, die wir nicht brauchen und die uns nicht nützen.

Information ist gut und wichtig.
Aber genügt es nicht, die eine oder andere Tatsache zu erfahren, müssen wir uns dazu noch die schrecklichsten Bilder ansehen und stundenlange Berichte und Debatten über das Grauen anhören? Oder soll das nur davon ablenken, daß man uns die wahren Tatsachen verschweigt?

Und was hat die Welt davon, zu wissen, wer mit wem und wo und wie?

Erst zerstört die Großindustrie mit den Produkten, die sie uns über die Werbung aufschwatzt die Lebensgrundlage von Menschen und dann werden wir aufgerufen für diese Armen zu spenden.

Informiere Dich, schau hin. Hinterfrage, wem nützt es.
Mach Dir deine eigene Meinung zu den Dingen, durch mehr
Information aus anderen Quellen, und dann handle nach
Deinen eigenen Erkenntnissen.

Nähre nicht Deine Schadenfreude und Deinen Voyeurismus
mit dem Betrachten menschlicher Schwächen und
Unzulänglichkeiten.

Manipulation – siehe Thema Ängste.
Manipuliert wird in den Medien nicht nur an Bildern und
Texten. Manipuliert werden soll auch der Zuseher/Leser mit
Desinformation und über das Erzeugen und Steigern von
Ängsten.

Zu den Medien gehören im Übrigen auch die Bücher.
Ja, die gibt es noch und darunter viele schöne und gute.

Und ab und an gibt es ja auch im TV einen guten Film oder
einen interessanten Bericht (falls Du zur Sendezeit nicht schon
längst schläfst).

Zum Thema Unterbewußtsein, und wie dort gespeicherte
Informationen und Desinformationen wirken kommen wir noch.

Der Fernseher hat auch einen „AUS-Knopf"

Gefühle

„In Dir leben zwei Hunde, ein guter und ein böser. Diese beiden Hunde kämpfen erbittert gegeneinander. Es wird der Hund den Kampf gewinnen, den Du am meisten fütterst."
(chinesisches Sprichwort)

Nun kontrollieren wir schon unsere Sprache und unsere Gedanken und jetzt sollen wir auch noch unsere Gefühle kontrollieren!?

Ja.

Aber es ist doch so schön, wenn das Gefühl der Liebe in uns hochschwappt. Wenn die Schmetterlinge im Bauch kribbeln und wir wahnsinnig vor Glück sind. (Wer hat's gemerkt? Sprachkontrolle!)

Doch wenn die Wut in uns kocht, wir rot sehen und am liebsten gegen die Wand laufen würden? Ist das dann auch noch so gut?

Gefühle und Emotionen lassen sich genauso steuern wie Sprechen und Denken. Und das ist auch wichtig.

Wir wollen uns selbst besitzen, wir wollen wir selbst sein und dazu gehört auch etwas Selbstkontrolle und Selbstdisziplin.

Was bringt mir das Gefühl von Wut und Haß? Graue Haare, Magenkrämpfe, Verlust des Denkvermögens und eine miese Grundstimmung. Und wenn ich jemandem Wut und Haß entgegenschleudere, was bekomme ich zurück? Genau, Wut und Haß.

Ist es das, was Du willst? O.k., dann weiter so. Wenn nicht, achte auf Deine Gefühle.

Liebe und Haß, die beiden stärksten Gefühle, die wir kennen sind sich sehr ähnlich. Sie nehmen uns gänzlich gefangen, wir denken anders (oder gar nicht), wir sprechen anders, wir sehen anders aus und unser Körper ändert die Ausschüttung der Hormone und die Funktionalität seiner Organe.

Nicht die Gene steuern den Menschen, die Gefühle steuern die Gene. Wir alle haben die gleichen Gene und doch sind wir so unterschiedlich, weil nicht bei jedem die gleichen Gene eingeschaltet sind. Gene besitzen einen Ein- und Ausschalter. Je nachdem welches Gen ein- oder ausgeschaltet ist, sind wir anfällig für Krankheiten oder immer kerngesund, lernen wir leicht oder schwer, sind wir dick oder dünn und so weiter. Wenn wir nun mit unseren Gefühlen Gene ein- und ausschalten, was geschieht bei Liebe in unserem Körper und was bei Haß?

Nun bin ich aber so voller Wut und Zorn, was kann ich tun?

Atme 3 mal tief ein und aus, da verzieht sich schon der erste Rauch.
Hol Dir ein schönes Bild aus Deinem Gedächtnisspeicher und dann versuch die folgende Übung (sie wird noch besser verständlich durch Lesen des Kapitels „Herz und Hirn").

Ich atme durch mein Herz.
Aus meinem Herzzentrum sende ich Licht und Liebe,
rote und goldene Herzen an ….
(das kann eine Person, eine Situation oder ein Ort sein).

Meditation

„Suche die Wahrheit in der Meditation und nicht in vergilbten Büchern."
(Aus Persien)

Viele der vorangegangenen Übungen waren schon ein Einstieg in die Meditation oder selbst schon kleine Meditationen.

Eine Meditation ist nicht zwingend ein völliges Versunkensein in tranceähnlichem Zustand, die jahrelanger Übung bedarf. Schon der anhaltende lange Blick in Deine Augen im Spiegel ist eine kleine Meditation.

Die Meditation hilft uns, in uns selbst hineinzuspüren, uns zu fühlen, unsere innere Stimme zu hören und unsere Mitte zu finden.

Eine kurze Meditation kann uns einen einfachen Weg aus schwierigen Situationen zeigen, wenn wir auf uns selbst und das unendliche Wissen, das in jedem von uns schlummert, hören.

Eine der in meinen Augen leichtesten Übungen ist das Hören auf den eigenen Atem. Bewußtes Atmen bei geschlossenen Augen in gerader, aber bequemer Sitzhaltung. Und dann einfach dem eigenen Atem nachspüren, nichts anderes hören, spüren, denken.

Für mich persönlich die schwerste Übung war das Ausschalten des Plappermauls im Kopf. Dem Denken Einhalt gebieten, gänzliche schwarze Leere im Gehirn – und das für mindestens 20 Minuten.

Zum Thema Meditation gibt es unzählige Publikationen, die uns Techniken an die Hand geben, in unser Inneres hinabzutauchen.

Dort angekommen eröffnen sich uns Welten, so groß, so schön, so vollkommen, vielleicht liegt im Innersten eines jeden von uns das wahre Paradies.

Auf jeden Fall aber hilft uns eine jede Meditation wieder in unsere Mitte zu kommen, wieder bei uns selbst zu sein, gelassener, ausgeglichener und ruhiger zu sein. Mehr auf unser Bauchhirn zu hören, denn das ist viel intelligenter als das im Kopf.

Wichtig für jede meditative Übung ist:
Finde einen Raum, an dem Du für eine gewisse Zeit wirklich ungestört sein kannst. Kein Telefon, keine Kinder, keine Türglocke, etc.
Setz Dich bequem, aber mit geradem Rücken hin.
Sitzt Du auf einem Stuhl stelle die Beine locker nebeneinander, überkreuze sie nicht. Sitzt Du auf dem Boden, kannst Du auch den „Schneidersitz" wählen.
Laß die Arme locker hängen oder lege sie leicht auf die Oberschenkel.
Laß die Schultern sinken.
Schließe die Augen.
Atme tief und gleichmäßig in Deinem eigenen Rhythmus.

Gehe gelegentlich in Dein Innerstes.
Gönn Dir eine Auszeit vom Außen.
Genieße den inneren Frieden, die innere Ruhe.
Meditiere.
Es ist einfacher, als Du denkst.

Visualisierung

„Einmal sehen ist besser als zehnmal hören."
(Dt. Sprichwort)

Ähnlich der Meditation ist die Visualisierung, also das Betrachten von Bildern vor dem geistigen Auge, aber ergänzt mit dem Einbringen der eigenen Person in diese Bilder. D.h., man selbst ist Teil dieser Vorstellung und spürt, wie man sich innerhalb der Vision fühlt.

Unbewußt machen wir das sehr häufig. Wir visualisieren, wenn wir in unseren Erinnerungen kramen, uns auf das erste Date freuen, aber auch wenn wir Angst vor der bevorstehenden Prüfung haben.

Gezieltes Visualisieren ist wie die Meditation geeignet, uns wieder in einen ruhigeren, ausgeglicheneren Zustand zu bringen. Daß es sich bei der Vision um etwas Positives handeln muß, versteht sich ja mittlerweile von selbst.

Visualisierung unterstützt außerdem die Manifestation von Erwünschtem in der Realität.

Wichtig ist aber, nicht nur ein Bild vor Augen zu haben, sondern sich dorthinein zu begeben und die zugehörigen Gefühle zu spüren.

Visualisieren:
Schließ die Augen, sieh und fühle!

Gekonntes Visualisieren ist auch hilfreich für das Thema „Wünsche".

Wünsche

„Unser Wort, das Wir für eine Sache sprechen, wenn Wir sie wollen, ist nur: "Sei!" und sie ist. „
(Koran, Sure16:40)

Achte auf deine Wünsche, sie könnten wahr werden!

Wer im Einklang mit sich selbst ist, ist im Einklang mit dem Universum oder dem Göttlichen, wie auch immer wir es nennen wollen.

Und dort ist alles vorhanden, alles schon einmal gedacht, alles möglich.

Wenn wir Teil dieser Schöpfung sind, dann ist die Schöpfung ein Teil von uns und wir sind Schöpfer.

Wenn nun aber die „Bestellungen beim Universum" so einfach sind wie in vielen Büchern beschrieben, warum klappt es dann nicht?

Weil es so einfach ist, ist es für uns so schwierig. Ohne Denken. Aus dem Herzen heraus. Mit Vertrauen. Mit Dankbarkeit. Mit dem Wissen, daß der Wunsch bereits erfüllt ist.

Da fängt es schon an. Wir denken unsere Wünsche mit dem Geist, aber wir sollten sie fühlen mit dem Herzen.
Und was wir uns da so zusammendenken geht nicht immer konform mit dem was wir fühlen und wie wir handeln (siehe Gedankenkontrolle).

Ich wünsche mir Reichtum und Wohlstand, aber ich denke „schon wieder eine Rechnung, wo soll das Geld nur herkommen?".

Ich wünsche mir eine glückliche Beziehung, aber ich denke „hoffentlich falle ich nicht wieder so rein, wie letztes Mal".

Ich wünsche mir Erfolg in einem interessanten Beruf, aber ich denke vor dem Vorstellungsgespräch „hoffentlich klappt es diesmal, bin ich so, wie sie es von mir erwarten, jetzt nur nichts falsch machen".

Oder wir handeln entgegengesetzt zu unseren Wünschen, man muß mit seinen Taten auch in die gleiche Richtung zielen wie der Wunsch.

Es gibt hierzu die nette Geschichte einer Frau, die sich jahrelang einen Mann an ihrer Seite wünschte, aber stets allein blieb. Bis sie merkte, daß in ihrer Wohnung gar kein Platz für einen Zweiten wäre. Also machte sie Raum in ihrem Kleiderschrank, Platz für eine zweite Zahnbürste und Rasierzeug im Bad, sie nutze nur noch eine Hälfte ihres Bettes. Sie ist nun schon seit vielen Jahren glücklich verheiratet.

Auch ein Schöpfer kann sich nicht einfach zurücklehnen und sagen: „so nun macht mal!". Vor dem „es sei" war der schöpferische Gedanke, die Vorstellung dessen, was sein soll. Er muß (schöpferisch) tätig werden um etwas zu erschaffen.

Ich kann nicht in der Lotterie gewinnen, wenn ich mir kein Los kaufe.

Und noch etwas: Bohre nicht ständig nach, wenn der gewünschte Porsche nach 3 Tagen noch nicht vor der Tür steht. Nachfragen (nachwünschen) heißt kein Vertrauen haben, zweifeln, daß der Wunsch bereits erfüllt ist. Damit sind die Regeln durchbrochen und es kann nichts geschehen.

Hast Du überhaupt einen Führerschein?
Wie passen die drei Kinder und der Hund in einen Porsche?

Was Du Dir da wünscht muß schon passen zu Deinem Leben, Deinem Lebensplan oder Lebensziel.

Wünschen ist also ganz leicht, aber doch nicht ganz einfach.

Überlege gut, was Du Dir wünschst.
Aber verschwende keinen Gedanken daran, wie die Erfüllung ablaufen soll.
Wünsche mit Gefühl aus dem Herzen heraus,
in Dankbarkeit und dem Vertrauen und dem Wissen, daß Dein Wunsch bereits erfüllt ist.
Laß Deine Taten und Dein Denken in die selbe Richtung gehen wie Dein Wunsch.

Ach ja, fast hätte ich's vergessen.

Zukunftspläne schmieden bedeutet eigentlich nur:
Das Ziel festmachen, wünschen und visualisieren.

Dank

„Wer dankt, bekommt immer mehr zum Danken. "
(Hermann von Bezzel, Theologe, 1861 - 1917)

Tiefempfundene Dankbarkeit ist ein wunderbares Gefühl. Es ist friedvoll, wärmend und versetzt uns in Leichtigkeit.

Und dieses Gefühl empfindet sowohl der Geber als auch der Nehmer.

Was gibt es Schöneres, als in glückliche, dankbare Kinderaugen zu schauen.

Echte Dankbarkeit ist echte Wertschätzung und verleiht dem, wofür man dankt, einen noch höheren Wert.

Echte Dankbarkeit kommt immer aus dem Herzen.

Und auch dafür gibt es eine hübsche, kleine Übung für den Alltag:

Überlege Dir jeden Tag 10 Dinge (kleine oder große, immer dieselben oder immer andere, ganz egal), für die Du dankbar bist.

Spüre die Dankbarkeit in Deinem Herzen und sage:
„ich bin dankbar für ….
ich bin dankbar für ….
Danke, Danke, Danke."

Verzeihen

„Man muß verzeihen können. Das Leben des Menschen ist zu kurz, als daß er es mit Nachtragen und Rachsucht hinbringen könnte."
(Friedrich II., preußischer König, 1712 - 1786)

„Der Mensch ist nie so schön, als wenn er um Verzeihung bittet oder selbst verzeiht."
(Jean Paul, Dichter, 1763 - 1825)

Verzeihen können ist etwas Wunderbares und Heilsames.

Verzeihen nimmt uns die Schwere vom Herzen und wie immer, so auch hier, beiden Seiten, dem der verzeiht und dem, dem verziehen wird.

Wie gut tut es uns daher, wenn uns jemand verzeiht.

Wie gut tun wir uns also, wenn wir uns selbst verzeihen.

Hierzu die ganz einfache Übung, 3 mal hintereinander ausgesprochen:

Ich verzeihe mir und allen anderen aus vollem Herzen.

Entschuldigung

„Wer einen Fehler begangen hat und ihn nicht korrigiert, begeht einen weiteren Fehler."
(Konfuzius, 551-479 v.Chr.)

Bevor uns verziehen werden kann, ist es oft angebracht sich zu entschuldigen.

Sich für einen Fehler entschuldigen zu können ist ein Zeichen von Stärke. Schwäche zeigt, wer sich nicht entschuldigen kann oder will.

Sich zu entschuldigen heißt auch, seinen Fehler zu erkennen. Wenn ich einen Fehler als solchen erkannt habe, werde ich ihn sobald kein zweites Mal begehen.

Wer einen begangenen Fehler erkennt und sich nicht dafür entschuldigt, wird den Gedanken an diesen Fehler noch lange mit sich herumtragen. Eine Entschuldigung macht den begangenen Fehler nicht rückgängig, aber sie hilft uns, ihn „ad acta" zu legen.

Mit der Entschuldigung geben wir dem „Geschädigten" auch die Gelegenheit zum verzeihen, was für beide Seiten eine Wohltat ist.

Wenn Du einen Fehler begangen und erkannt hast, zeige Stärke, indem Du dich entschuldigst.

Das Unterbewußtsein

„Sie haben sich für die ersten 6 Jahre Ihres Lebens in einem Zustand der Trance befunden, in dem Ihnen das Weltbild ihres Umfelds aufgeprägt wurde. Die Dinge, an die sie damals gelernt haben zu glauben, bestimmen heute Ihr Leben."
(Dr. Bruce Lipton, Biologe, 21.10.1944)

Das ist natürlich schon hart, wo bleibt da unser selbstbestimmtes, unser eigenes Leben?

Das Unterbewußtsein ist wie die Festplatte im Computer. Alles Gehörte, Gesehene, Erlernte, Erfahrene wird hier abgespeichert und bei Bedarf abgerufen und eingesetzt.

Wir tun ständig unzählige Dinge völlig „unbewußt" und (siehe oben) ein Großteil davon sind gar nicht wirklich „unsere".

„So wie meine Mutter will ich nie werden!" – „Ach, herrje, ich bin ja schon wie meine Mutter!" Ja, natürlich, die Verhaltensmuster Deiner Mutter sitzen in Deinem Unterbewußtsein.

Die Festplatte eines Computers läßt sich neu formatieren, dann ist alles Gespeicherte weg und viel freier Platz für Neues. Das käme einer Gehirnwäsche gleich.

Aber die Daten auf der Festplatte lassen sich ja auch ändern. Man kann Dateiinhalte verändern oder löschen oder Neues anfügen.

Auch das tun wir täglich „unbewußt". Bei allen Fertigkeiten, die wir neu erlernen, legen wir eine neue Datei an. In diese schreiben wir unsere Erfahrungen und Übungen. Und wenn der Lernprozeß abgeschlossen ist, können wir die Inhalte der Datei jederzeit abrufen und einsetzen (auch „unbewußt").

So haben wir Laufen gelernt, dann Rad fahren, dann Autofahren usw.

Alle vom Unterbewußtsein gesteuerten Prozesse laufen so ab. Was da wohl so alles an Programmen im Hintergrund läuft, die das System blockieren und verlangsamen. Da heißt es sichten, aufräumen, umprogrammieren, neuprogrammieren, reorganisieren.

Denn auch unsere Ängste, unsere Vorlieben, unser Verhalten, unsere Art zu sprechen, zu denken und zu reagieren werden aus dieser Datenbank abgerufen.
Unsere gesamten Verhaltensmuster stammen aus dieser Datenbank. Und da spielt es keine Rolle, ob das eigene Erfahrungen und Werte sind oder Manipulationen von außen. Alles, was sich dort erst einmal festgesetzt hat wird völlig automatisch abgespult, egal ob es richtig oder falsch ist. Daher stammen auch viele unsinnige Selbstverständlichkeiten, die wir nicht loswerden, wenn wir sie nicht hinterfragen.

Und auch wenn ich mich jetzt wiederhole:
Beobachte Dich selbst, hör wie Du sprichst, hör was Du denkst, mach Dir bewußt, wie Du in bestimmten Situationen reagierst, schau wie Du dich bewegst. Nimm Dich selbst wahr.

Das zusammen mit dem Blick nach „innen", zeigt Dir, was Du selbst bist und was eigentlich nicht zu Dir gehört.

Auch hier wieder eine Bitte an Eltern und eigentlich alle Erwachsenen: achtet darauf, was Ihr den Kindern einprogrammiert.

Umprogrammieren ist zwar eine kleine Wissenschaft für sich, aber mit diesem Buch hast Du zumindest einen Programmier-Crash-Kurs in der Hand.
Nur Mut zum Software-Update.
Und keine Angst, das Laufen wirst Du nicht verlernen.

Der Körper

„Was bringt den Doktor um sein Brot?
a) die Gesundheit, b) der Tod.
Drum hält der Arzt, auf daß er lebe,
uns zwischen beiden in der Schwebe."
(Eugen Roth, Lyriker, 24.01.1895 - 28.04.1976)

„Ärzte schütten Medikamente, von denen sie wenig wissen,
zur Heilung von Krankheiten, von denen sie weniger wissen,
in Menschen, von denen sie nichts wissen."
(Voltaire, Autor, 21.11.1694 - 30.05.1778)

„Wer stark, gesund und jung bleiben will, sei mäßig, übe den
Körper, atme reine Luft und heile sein Weh eher durch Fasten
als durch Medikamente."
(Hippokrates von Kos, Arzt, 460 bis etwa 377 v. Chr.)

Dies soll nun kein Aufruf zum Ärzteboykott sein. Aber zu einem eigenverantwortlichen, selbstbestimmten Leben gehört es auch, für den eigenen Körper die Verantwortung zu übernehmen und nicht unbesehen und ohne zu hinterfragen an Ärzte und Pharmaindustrie abzugeben.

Wenn Du zum Arzt gehst frage, frage, frage! Bekommst Du keine stimmige Antwort, frag den nächsten.

Prüfe auch, ob sich Alternativen zur Schulmedizin finden oder unterstützende oder entlastende Maßnahmen.

Das Angebot an sog. „Alternativ-Medizin" steigt stetig.

Jeder von uns übernimmt in so vielen Bereichen Verantwortung: Im Beruf, im Straßenverkehr, in den eigenen Finanzen, in der Kindererziehung. Nur wenn es um den eigenen Körper geht, da sind wir schnell bereit und es ja auch so gewohnt, die Verantwortung blind in fremde Hände zu legen. Wir setzen uns willig unnötigen und belastenden Untersuchungen aus (Röntgen, Mammographie, Spiegelungen und was es da alles an Instrumentendiagnose gibt). Wir fragen nicht ist das wirklich nötig und warum, was habe ich von dem Ergebnis oder müssen sich nur die Anschaffungskosten für die teuren Instrumente amortisieren.

Wir lassen uns beschneiden und aufschneiden, Fremdkörper und hochgiftige Substanzen (z.B, Amalgam) einsetzen. Wir lassen uns Gifte durch sog. „Schutz-Impfungen" injizieren, schlucken ohne mit der Wimper zu zucken endlos irgendwelche wild zusammengebrauten Chemikalien in uns hinein (nicht nur Medikamente, auf Nahrung kommen wir später). Viele lesen absichtlich nicht den Beipackzettel, damit sie das „Heilmittel" nicht als Gift erkennen müssen. Und das alles nur, weil Pharmas und Doktores sagen so muß das sein, so ist das gut. Frag doch bitte auch mal: „Gut für wen?"

„Lasst das Gift jenen, die ihre Natur mit Gewalt zugrunde richten wollen, und solchen, die glauben, ihr damit noch Gutes zu erweisen!"
(Sebastian Kneipp, Priester und Hydrotherapeut, 17.05.1821 - 17.06.1897)

Genug der Ärzteschelte, es gilt auch nicht den Arzt zu schelten, sondern den Patienten. Den, der nicht fragt, nicht wissen will, Verantwortung abgibt, sich aber hinterher beklagt, wenn's schlimmer anstatt besser wird.

So wollen wir ja aber nicht sein und deshalb achten wir auf unseren Körper und hören auch hin, wenn er uns etwas mitteilen will.

Unser Körper ist ein Wunderwerk der Natur. Billionen von Zellen haben sich zusammengefunden und arbeiten still im Verborgenen unermüdlich daran ein gesundes, funktionierendes Haus für unsere Seele in Schuß zu halten. Was er kann macht unser Körper ohnehin ohne unser Zutun. Da tut er meist auch besser dran, wenn er sich nicht ins meisterliche Handwerk pfuschen läßt.

Du schneidest Dir in den Finger, schon sind alle da, um mit Hilfe von ausströmendem Blut die Wunde zu reinigen, dann die Wunde zu schließen, wenn noch Verschmutzungen gefunden werden, diese mit Eiter auszuleiten, neues Fleisch und neue Haut aufzubauen.
Nach ein paar Tagen hast Du die Wunde vergessen, denn sie ist geheilt.

Erst da, wo unser Körper an die Grenzen seiner Möglichkeiten stößt, sendet er uns Botschaften – Symptome.
Nun haben wir die Wahl:
1. Wir knallen ihm eins auf den Deckel und „beheben" die Symptome mit Schmerzmitteln, Blutdrucksenkern, Blutdruckhebern, Schlafmitteln, Aufputschmitteln, Magentabletten, Herztabletten, was auch immer.
Am besten noch in Eigenmedikation, weil's dem Onkel ja auch geholfen hat.
oder
2. Wir fragen mal nach der Ursache für den Kopfschmerz, den Bluthochdruck, den zu niedrigen Blutdruck, die Schlaflosigkeit, die Müdigkeit, die Magenschmerzen, die Herzbeschwerden.
Und dann versuchen wir die Ursachen zu beheben.
Das ist sicherlich etwas aufwändiger, vielleicht auch etwas langwieriger, manchmal auch etwas unangenehmer als die „Holzhammer-Methode", aber bestimmt nachhaltiger.

Denn merke: ein Symptom ist ein Signal, es ist nicht die Krankheit.

Und bitte, bekämpfe Deinen Körper nicht (im Krieg gibt es keine Sieger), unterstütze ihn nach besten Kräften, gemeinsam findet ihr Eure Stärke wieder.

Denke an die Wirkung alles Negativen. Kämpfe nicht gegen die Krankheit, unterstütze die Heilung.

Dieses Kapitel ist so lang, weil es mir ein wirklich großes Anliegen ist, um mehr Achtsamkeit und Respekt gegenüber dem eigenen Körper zu bitten. Schmerzliche Erfahrungen in meiner nächsten Umgebung zeigen mir immer wieder, wie wichtig das leider auch heute noch ist.

„Sei gut zu Deinem Körper,
damit Geist und Seele Freude haben,
darin zu wohnen!"
(Teresa von Avila,1515-1582)

Genug der Schulmeisterei und des Tadels, und ein Lob all denen, die bewußt und eigenverantwortlich mit sich umgehen.

Hol Dir Rat und Hilfe zur richtigen Zeit am richtigen Ort, aber schluck nicht jede Pille, die man Dir hinwirft.

Was also kann man im ganz Alltäglichen für seinen Körper tun?

Wasser

„Das Prinzip aller Dinge ist Wasser; aus Wasser ist alles, und ins Wasser kehrt alles zurück."
(Thales von Milet, um 625 - 545 v. Chr.)

Bei seiner Geburt besteht der Mensch zu 75 % aus Wasser. Mit zunehmendem Alter wird der Wasseranteil meist zunehmend geringer. Dies ist nicht gewollt und auch nicht förderlich.

Wasser ist der Hauptbestandteil lebender Zellen. Nicht Tee, Kaffee, Limonade, Saft, Bier oder Wein. Wenn uns also gesagt wird wir sollen mehr trinken, so muß es eigentlich richtig heißen: mehr Wasser trinken.

884 Millionen Menschen (und die Zahl steigt stetig) haben auf dieser Welt keinen Zugang zu sauberem Trinkwasser. Wir benützen es für die Toilettenspülung und trinken Zuckerwasser mit Farbstoff, Alkoholika oder Genußmittel.

Würdest Du Dich mit Coca-Cola waschen? Aber innerlich soll's damit sauber bleiben.

Dehydration (Austrocknung) ist ein schwer unterschätzter Auslöser für viele Beschwerden und Krankheiten.

Sauberes, reines Wasser ist unser wichtigstes Grund-nahrungsmittel und als solches sollten wir es auch zu uns nehmen. Rein, das heißt ohne Kohlensäure, im Idealfall Quellwasser, und grundsätzlich.
Je nach Körpergewicht und Belastung zwischen 1,5 bis 2,5 Liter am Tag.

Sorge für einen ausgeglichenen Wasserhaushalt.

Salz

„Salz ist unter allen Edelsteinen, die uns die Erde schenkt, der kostbarste."
(Justus Freiherr von Liebig, Chemiker, 1803 - 1873)

Das Salz in Deiner Suppe sollte Salz sein.
Nicht zu verwechseln mit reinem Natriumchlorid, unserem sog.
Speisesalz.

Echtes Salz (Steinsalz, Kristallsalz, gutes Meersalz) besteht
zwar auch zum Großteil aus Natriumchlorid, enthält aber
daneben noch viele andere Mineralien und Elemente. die
unser Körper zur Verarbeitung benötigt. Außerdem weist es
eine andere kristalline Struktur auf als Kochsalz, wodurch es
sich nicht im Körper anhaften kann und bei Nichtbedarf
ausgeschieden wird.

Unser Körper benötigt das Salz zur Einlagerung des Wassers
und in Verbindung mit Wasser für alle elektrischen Vorgänge.

Trag Deine Dose Kochsalz bitte zur Mülltonne und besorge Dir
echtes Salz. Leider ist auch hier mittlerweile viel
Minderwertiges auf dem Markt, also achte darauf, wem Du
dein Vertrauen schenkst.

Verwende nur noch echtes Salz.

Ernährung

„Unsere Nahrungsmittel sollten Heil-, unsere Heilmittel
Nahrungsmittel sein."
(Hippokrates von Kos, Arzt, 460 bis etwa 377 v. Chr.)

„Es wird eine Zeit kommen, da werden die Menschen vor vollen
Tellern sitzen und dennoch verhungern!"
(Weissagung der Hopi-Indianer)

Lebensmittel sollen Mittel zum Leben sein, nicht nur
Magenfüller.

Zeitmangel, finanzielle Gründe, mangelnde Kochkenntnisse
und auch Bequemlichkeit lassen viele zu den ach so
praktischen und billigen Fertigprodukten greifen. Das
Ergebnis: kaputte Zähne, Kinder mit Übergewicht,
Magenprobleme, Verdauungsbeschwerden, Bluthochdruck
und verkümmerte Geschmackssensoren. Echt lecker.

Ja, man macht es uns Verbrauchern nicht leicht zu erkennen,
was da eigentlich so drin steckt, aber mit einer guten Brille
kann man die Zutatenliste bei gutem Licht schon lesen. Und
dann such doch mal den Anteil von Huhn in einer Tüten-
Hühnersuppe. Es gibt hier schon Produkte, die kommen nur
noch mit ein paar Gramm Hühnerfett aus.

Wie kann etwas, das erst zu Tode gekocht, dann getrocknet,
dann zermahlen, und dann mit Wasser wieder schluckbar (das
Wort genießbar fällt mir hier schwer) gemacht wurde, ein
Lebens-Mittel sein?

Und je mehr Werbung für ein Produkt gemacht wird, desto
fragwürdiger ist es. Denn jeder Cent, der in die Werbung
gesteckt wird (und es sind wahrlich keine Cent-Beträge) muß
ja am Produkt selbst wieder eingespart werden.

Vollwertige, ausgewogene Ernährung ist nicht teurer, nicht zeitintensiver und auch nicht schwieriger, als der Griff zu Tüte, Dose und Karton.

Achte einfach auf frische Produkte, möglichst regional und saisonal. Frag auch ruhig mal den Metzger, wo denn sein Rinderbraten herstammt.
Ach ja, Rinderbraten. Was wir da täglich an tierischen Fetten vertilgen ist meist doch etwas viel.
Mehr Gemüse und Kartoffeln tun nicht nur dem Säure-Basen-Haushalt gut.

Mit allem was wir essen, nehmen wir nicht nur die physikalischen Inhaltsstoffe (auch solche die da eigentlich nicht hingehören – Hormone, Antibiotika, Kunstdünger, Pestizide, künstliche Farb- und Geschmacksstoffe, etc.), sondern auch die innere Qualität auf. Wir müssen nicht alle zu Vegetariern werden, aber wir können entweder die Qual und die Angst aus Massentierhaltung essen, oder das, wenn auch kurze, so doch glückliche und gesunde Leben aus artgerechter Aufzucht.

Noch ein kleiner Grundsatztipp: Je weißer ein Produkt, desto ungesünder (Mehl, Zucker, Salz, Reis).

Ein kurzes Wort zu Milch (Nahrungsmittel, nicht Getränk): extra lange haltbar ist toll für den Handel, weil lagerbar, stapelbar und billig. Aber ultrahocherhitzt und homogenisiert bedeutet eigentlich nichts anderes als totgekocht und totgeschlagen.

„H-Milch ist tot wie eine Leiche, die man sicherheitshalber nocheinmal erschossen hat." (Dr.med.M.O.Bruker)

Achte auf eine vollwertige, ausgewogene Ernährung mit frischen Produkten von guter Qualität.

Licht

Glücklich der, der seinen Beruf bei Tage im Freien ausüben kann. Bei Wind und Wetter, Sturm und Regen, Kälte und Hitze, denn er bekommt Licht.

Es soll ja sogar Menschen geben, die nehmen nur noch Lichtnahrung zu sich, also Wasser und Sonnenschein. Soweit wollen wir nun wirklich nicht gehen, aber ein bißchen mehr natürliches Licht darf schon sein.

Der Mensch braucht das Tageslicht zum überleben, nicht umsonst ist totale Dunkelheit eine Foltermethode.

Wir bewegen uns doch heute größtenteils nur noch in künstlichem Licht: zu Hause, am Arbeitsplatz, beim Einkaufen, in öffentlichen Verkehrsmitteln.

Und wenn wir dann hinausgehen, ja dann müssen wir uns schützen vor der bösen Sonne mit ihren verheerenden Strahlen, mit Sunblockern, Sonnenbrillen, Sonnenhüten, Sonnenschirmen. Natürlich sollen wir uns nicht wie Grillhähnchen stundenlang bis zum totalen Sonnenbrand schweißgebadet braten. Aber:

Du meine Güte! Licht ist Leben! Und wie wunderschön ist ein Sonnenaufgang und ein Sonnenuntergang.

**Eulen sind nachtaktiv. Der Mensch ist ein Tagtier.
Geh mal wieder ins Licht.**

Wer Sonnenlicht hat, braucht keine Vitamin D Pillen.

Luft

„Luft und Bewegung sind die eigentlichen geheimen Sanitätsräte."
(Theodor Fontane, Apotheker, Dichter, 30.12.1819 - 20.09.1898)

Wenn wir dann schon draußen sind im Licht, da kommen wir ja an der Luft gar nicht vorbei.
Wobei, selbst wenn das Licht noch durch die Dunstglocke der Großstadt dringt, mit der Luft ist es dort dann doch nicht so toll.

Manchmal frage ich mich schon, was am angestrengten Joggen neben einer dicht befahrenen Straße nun so gesund sein soll.
Aber joggen ist prima und vielleicht gibt es ja auch einen Park oder einen Wald in der Nähe, wo die Luft dann doch etwas besser ist.

Doch um die positive Wirkung frischer Luft voll auszukosten müssen wir uns nicht die Seele aus dem Leib rennen. Jede Art von Bewegung an frischer Luft ist uns zuträglich. Und schon ein paar tiefe Atemzüge erhöhen den Sauerstoffgehalt in unserem Körper.

Also raus aus dem Mief unserer überheizten Zimmer, und wenn's sein muß, die Mütze eben etwas tiefer ins Gesicht. Glücklich, wer einen Hund hat, der ihm hilft, den inneren Schweinehund auch bei Sauwetter zu überwinden.

Bewege Dich so oft wie möglich an der frischen Luft.

Streß

„Es gibt Wichtigeres im Leben, als beständig dessen Geschwindigkeit zu erhöhen."
(Mahatma Gandhi, Pazifist, 02.10.1869 - 30.01.1948)

„Wenn Du es eilig hast, gehe langsam"
(Lothar J. Seiwert, Professor, Autor, 1952)

Oder die Geschichte mit den Hüten (auch L. J. Seiwert)
Wie viele Hüte kannst Du gleichzeitig tragen, ohne daß sie Dir vom Kopf fallen oder Dich erdrücken?
Wir stülpen uns, freiwillig oder nicht, Hut über Hut auf den Kopf und wundern uns dann, daß wir Kopfschmerzen haben.

Wir lassen uns ständig hetzen, von beruflichen Terminen, von privaten Terminen, vom Handy, ja selbst im Urlaub müssen wir noch von einer Sehenswürdigkeit zur nächsten hechten, oder stundenlang irgendwohin fliegen um dort dann nur zu essen, zu schlafen und nichts zu tun, wenn wir nicht den Tauchkurs, den Segelkurs und das Vasentöpfern gleich mitgebucht haben.

Halt mal inne. Verschnauf erst mal. Und dann schau Dich mal um. Wohin bist Du denn da jetzt gerannt? Wo stehst Du denn da mit hängender Zunge? Wolltest Du da wirklich hin?

Gib ab, delegiere, lerne loslassen, laß auch mal das Handy zu Hause und Urlaub auf Balkonien kann sehr entspannend sein.

Die Übung dazu 3 x gesagt, schon fast getan:

Ich lasse los, was mich nicht glücklich macht.

Diese Übung paßt natürlich auch in vielen anderen Bereichen.

Herz und Hirn

„Man sieht nur mit dem Herzen gut."
(Antoine de Saint-Exupéry -Werk: Der Kleine Prinz)

„Das ganze Universum ist im Körper enthalten, der ganze Körper im Herzen. So ist das Herz der Kern des ganzen Universums."
(Ramana Maharshi, indischer Guru, 30.12.1879 - 14.04.1950)

Der Mensch ist ein elektro-magnetisches Wesen. Elektrische Wellen durchlaufen ständig unseren gesamten Körper, um Informationen und Befehle zu transportieren.

Unser Gehirn baut neben einem elektrischen auch ein magnetisches Feld auf. Messungen haben jedoch gezeigt, daß das Magnetfeld, das von unserem Herzen ausgeht, bis zu 5000 Mal stärker ist als das unseres Gehirns.

Das bedeutet, daß alle Impulse, die wir über das Herz aussenden bedeutend stärker sind und weiter reichen, als die über das Gehirn ausgesandten.
Wenn wir also Hirn und Herz verbinden, können wir unsere Gedanken mit der Verstärkung durch das Herz weit hinaus senden.

interessante Informationen hierzu auf
http://www.heartmath.org (leider nur auf Englisch)

Herz-Hirn-Coherence ist ein zu komplexes Thema für eine kurze Übung, aber so spannend, daß ich es nicht aussparen wollte. Im Teil „für Fortgeschrittene" kommt dann aber doch noch eine Übung dazu.

Rückzug oder Wachstum

„Mechanismen, die Schutz und Wachstum steuern, können nicht gut gleichzeitig ablaufen."
(Dr. Bruce Lipton, Biologe, 21.10.1944)

Noch mal zurück zu unseren Billionen von Zellen.

Eine Zelle kann sich entweder schützen und zurückziehen oder sie kann wachsen. Beides gleichzeitig geht einfach nicht.

Wir sind ja nun mal ein riesen Zellhaufen, also können wir uns nur schützen und zurückziehen oder wachsen und weiterentwickeln.

Da kommen alle vorherigen Themen zusammen.
Ängste lösen Schutzmechanismen aus,
also kein Wachstum.
Chemikalien sind Gifte, lösen Schutzmechanismen aus,
also kein Wachstum, kein Fortschritt, keine Heilung.
Lachen entkrampft geistig wie körperlich,
Wachstum ist begünstigt.
Licht und Luft bringen nicht nur den Kreislauf in Schwung,
Wachstum ist begünstigt.
Negative Gedanken lösen Schutzmechanismen aus,
also kein Wachstum.
Dankbarkeit und Liebe lassen positive Energien fließen,
Wachstum ist begünstigt.

Du hast die Wahl: Rückzug oder Wachstum

Übungen für Fortgeschrittene
alle Anderen werden dadurch zu Solchen

(lila Texte sollten ausgesprochen werden, das ist kraftvoller als nur denken)

Gedankenbuch
Wenn einem vor dem Einschlafen so vieles durch den Kopf geht, daß man keine Ruhe findet:

Ich schließe mein Gedankenbuch.
Mein Gedankenbuch ist geschlossen.

ICH BIN LICHT - so Innen wie Außen.
Ich öffne mein Herz und richte meine Aufmerksamkeit auf die in meinem Herzraum (im Herz-Chakra) wohnende rosafarbene innere Flamme. Ich fühle meine tiefe Innere Liebe zu mir selbst. Ich nehme diese bedingungslose Liebe an und dehne sie über meinen ganzen Körper aus. Ein unendlicher Strom an Liebe erfüllt mein Sein. Ich fühle mich vollkommen in diese göttliche Liebe gehüllt und verschmelze mit dem Universum.

Schutz vor negativen Einflüssen
Wenn mir jemand negative Gedanken, Energien, Neid oder Haß schickt, so prallen diese negativen Einflüsse an meinem Schutzschirm ab und kehren positiv an den Sender zurück. Alle Negativität die mir zugesandt wird, wird positiv umgewandelt und kehrt positiv an den Sender zurück.

Der „wegdrück-Punkt"
Situationen oder Personen, die mir Probleme bereiten

lege Deinen linken Zeigefinger auf den Punkt oberhalb der
linken Augenbraue und übe leichten Druck aus, während Du
Dir die Situation oder die Person vorstellst
(das ändert freilich nichts an der Situation oder der Person,
aber Du siehst es mit größerer Gelassenheit)

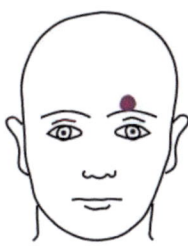

Schneller Schutz

Füge Daumen und Zeigefinger beider Hände zusammen
Gib in dein Bewußtsein ein:
Ich schütze mich, an mich kommt nichts Negatives heran,
meine Seele ist geschützt.

Großer Schutz

Reinigen – Erden – Schützen
- für den täglichen Tagesbeginn –
- am Ende des Tages nochmals reinigen –
- unterstrichene Texte 3x wiederholen

„Ich stelle mich unter meine „goldene Lichtdusche". Goldenes Licht strömt über mein Scheitel-Chakra in meinen Kopf, in mein Herz und öffnet mich für die übergeordnete Liebe.
Es strömt durch all meine Organe und reinigt mich.
Von außen fließt es über meinen Kopf, meine Schultern, meinen ganzen Körper, bis zu den Füßen.
Ich stehe in einer goldenen Wanne aus Licht.
<u>Ich entlasse alle in Liebe aus meinem Energiesystem.</u>
Ich ziehe den Stöpsel aus meiner Lichtwanne, alles fließt ab.
Ich bin gereinigt.
Jetzt erde ich mich. Lange, starke Wurzeln wachsen aus meinen Füßen in die Erde und geben mir Halt und Sicherheit.
Eine besonders kräftige Wurzel wächst tief hinab bis in das Erdinnere und durch sie entströmt alle negative Energie bis hinab ins Magma, wo sie verbrennt.
Aus meinem Nabel-Chakra strömt ein violetter Nebel und legt sich schützend um mich, wie ein Gürtel.
Ich stelle mir einen großen, orangen Luftballon vor, so groß, daß ich bequem darin Platz habe. Langsam gehe ich auf ihn zu, vorsichtig betrete ich den Ballon, und genieße den Schutz, den er mir bietet. In seinem Inneren bin ich sicher und geborgen.
<u>Ich bin ein göttlicher Funke, mir kann nichts geschehen.</u>
<u>Ich erlaube mir, den Himmel auf Erden zu leben.</u>
<u>Nur Positives kommt in mein Leben!</u>

Vorsichtig öffne ich oben in meinem Ballon einen kleinen Kamin, durch den alle eventuell an diesem Tag aufkommenden negativen Energien abziehen können.
Von außen lasse ich als zusätzlichen Schutz die Farbe lachsrosa-gold über meinen Ballon laufen, die mir einen weiteren weichen Schutz bietet.
Dieser Schutz hält den ganzen Tag an, bis ich abends zu Bett gehe und einschlafe.
Nun bin ich bereit, zu verzeihen.
Ich verzeihe mir und allen anderen aus vollem Herzen.

So sei es!

Frieden - Frieden – Frieden

DANKE

Herz-Hirn-Coherence

stellt die Verbindung zwischen Gehirn und Herz her, wodurch
Impulse über das größere Herzmagnetfeld ausgesandt
werden.

Atme tief ein und aus

Finde Deinen eigenen Rhythmus

Lenke Deine Aufmerksamkeit in Dein Herz

Atme durch den Bereich Deines Herzens

Spüre den Atem durch Dein Herz kommen und gehen

Spüre in Deinem Herzen ein angenehmes, tiefes Gefühl von
Liebe (zu Dir, zu einer anderen Person oder einem Tier) oder
Glück oder Freude oder Fürsorge

Halte dieses Gefühl in Deinem Herzen fest und spüre es ganz
deutlich
aber ohne Anstrengung, ohne Denken, nur fühlen

Sende dieses Gefühl aus Deinem Herzen nach außen. Du
kannst, wenn Du willst, es Dir vorstellen wie Wellen im
Wasser, oder wie Strahlen der Sonne

Versuche diese Übung anfänglich für etwa drei Minuten zu
halten, bei regelmäßigem Üben kannst Du die Zeit beliebig
ausdehnen.

Heilungs-Affirmation

Akut: Jeden Tag mindestens 30 x aussprechen
Vorbeugend: 3 x pro Tag aussprechen

Heilungsbereitschaft

Ich arbeite an meiner Heilung
- mit meinen Gedanken
- mit meinen Gefühlen
- und mit allen, mir zur Verfügung stehenden Mitteln

Aktivierung der Selbstheilungskräfte

Ich traue mir 100 %ige Selbstheilungskräfte zu!

Auflösen der Heilungsverweigerung

Ich nehme die Heilung an.

Literaturempfehlungen:

Sie sind nicht krank, Sie sind durstig:
Heilung von innen mit Wasser und Salz
Fereydoon Batmanghelidj
ISBN-13: 978-3935767255

Wasser & Salz, Urquell des Lebens.
Barbara Hendel, Peter Ferreira
ISBN-13: 978-3000082337

Der Murks mit der Milch
Dr. med. M.O. Bruker, Dr. phil. Mathias Jung
ISBN-13: 978-3891890455

Ein medizinischer Insider packt aus: Ein Dokumentarroman
Peter Yoda
ISBN-13: 978-3932576720

Bruce Lipton
Intelligente Zellen: Wie Erfahrungen unsere Gene steuern
ISBN-13: 978-3936862881

Im Einklang mit der göttlichen Matrix:
Wie wir mit Allem verbunden sind
Gregg Braden
ISBN-13: 978-3867280211

Gedanken erschaffen Realität: Die Gesetze des Bewußtseins
Dieter Broers
ISBN-13: 978-3941837171

Moleküle der Gefühle:
Körper, Geist und Emotionen
Candace B. Pert
ISBN-13: 978-3499613395

DVD- Empfehlungen:

Wie wir werden, was wir sind
Bruce Lipton
ASIN: 3867281041

Im Einklang mit der göttlichen Matrix
Gregg Braden
ASIN: 3862806790

The Secret - Das Geheimnis
Rhonda Byrne
ASIN: B000ULMBX8

UNSER TÄGLICH BROT
Nikolaus Geyrhalter
ASIN: B000OCZ7CK

We Feed the World - Essen global
Erwin Wagenhofer
ASIN: B001O4VVDG

Water - Die geheime Macht des Wassers
ASIN: B003LOH3FM

Flow - Wasser ist Leben
Irena Salina
ASIN: B001SOZN18

Heute Rinder, morgen Kinder?
Ein Film von Michael Leitner

Let's Make Money
Erwin Wagenhofer
ASIN: B00274S6KS

Dank all denen,
von denen ich lernen durfte und darf.
Und Dank all jenen,
die von mir lernen wollen.

Die großen Veränderungen in der Welt
fangen bei den kleinen Veränderungen in
uns selbst an.

Barbara Borchert-Best
http://www.lebensenergieberatung.org